PENSIONNAT SAINTE-MARIE.

REINES ET IMPÉRATRICES

DE

L'EUROPE.

1855.

REINES ET IMPÉRATRICES

DE

L'EUROPE.

A L'ASSEMBLÉE.

Mlle ZÉLINA.

Le voici reparu ce jour salué par dix mois d'espérance ; jour qui couronne nos travaux et nous rend à la tendresse de nos familles. Et chacun s'empresse de prendre part à la fête. Privées de l'Auguste Prélat qui nous aime et nous protège, nous possédons Celui qui en partage si bien les pastorales sollicitudes. C'est aussi l'Ange de notre église, notre Pasteur à l'âme éminemment sacerdotale, au cœur pieux et bon ; et avec lui ses dignes collaborateurs, le guide éclairé que nous devons à son intelligent amour... Et ces Magistrats bienveillants, pères d'une œuvre qu'il doit leur être si glorieux de soutenir... Leur présence témoigne de leur dévoûment, leur assure notre reconnaissance.

Mlle MARIA.

Parents bien-aimés, qui nous environnâtes toujours d'amour et de tendresse, puissions-nous rentrer dans vos bras telles que vos cœurs nous désirent, avant tout vertueuses ! Oui, nous voulons être la joie et la couronne de vos jours, moins par les charmes de l'esprit que par les qualités du cœur, mais surtout par la pratique constante des devoirs que la Religion consacre et bénit, et que la piété filiale rend si chers au cœur de la jeune fille.

CHANT., MUSIQUE.

DIALOGUE.

Les plus jeunes Élèves s'avancent.

MARIE DE BEAUVALLON.

Quel beau jour !

BLANCHE RICARD.

Quelle fête !

MARIE.

Jamais je n'en ai vu de si belle à Beauvallon.

BLANCHE.

Les vacances ! quel bonheur !

MARIE.

Livres, couronnes !... J'en saute de joie.

MARGUERITE.

Et moi ; je tremble ; j'ai peur qu'il n'y en ait pas pour moi.

MARIE.

Quoi ! il y en a là une pleine corbeille ! Il y en aura bien assez pour nous, je pense....

ÉVA.

Au moins que j'en aie une....

MARIE.

Une !... Ce n'est pas assez ; il m'en faut trois au moins : une pour papa, une pour maman, et une pour M. le Curé que j'aime beaucoup.

BLANCHE.

Comme vous y allez, Mademoiselle.... Trois couronnes.... les avez-vous méritées ?

MARIE.

Oui , Mademoiselle ; je les ai méritées. N'ai-je pas appris à lire , à écrire , à travailler ?... Cela mérite bien quelque chose , peut-être.... .

BLANCHE.

Et moi j'ai appris tout cela et bien autre chose....

MARIE.

Quoi !... des fables.... j'en sais plus de dix.... Voulez-vous que j'en récite une ?...

BLANCHE.

Oui , oui , voyons.

La Brebis et le Chien.

. . . .

BLANCHE.

La mienne est plus jolie que la vôtre.

MARIE.

C'est à savoir.

BLANCHE.

Le Roi Alphonse.

. . . .

MARGUERITE.

Que vous êtes heureuses ! mais moi, hélas !

BLANCHE.

Bah ! finissez ; ce n'est pas le moment de pleurer. Il ne faut pas que le souvenir de nos petites peccadilles vienne troubler la joie de la fête.

MARIE.

Allons , récitez une fable.

(Récitation de quelques fables.)

MARIE.

En voilà bien assez. Retirons-nous avant que ces grandes demoiselles arrivent.

ÉVA.

Elles ne tarderont pas. — Les voici.

BLANCHE.

Les belles dames.... il faut toujours leur céder le pas.

(*Elles se retirent.*)

MUSIQUE.

Toutes les Elèves, debout. (Moment de silence.)

FANCHETTE.

Hé bien ! sommes-nous des piquets ?

ÉLISABETH.

Commencez donc.

THÉRÈSE.

Qu'allons-nous dire ?

FANCHETTE.

Et vous ne le savez pas encore !...

JENNY.

Allons, pas de préambule.

ÉLISABETH.

Entrez en matière.

MARIE F.

La parole est aux cordons bleus.

ZÉLINA.

La France !

L'Italie !

La Flandre !

L'Allemagne !

La Hongrie !

L'Autriche !

La Pologne !

La Suède !

La Norwège !

L'Angleterre !

L'Écosse !

L'Espagne !

L'Europe !

Gloire et honneur !

HÉLÈNE.

LÉONIE.

ENNA.

ÉLISABETH.

NELTHY.

MARTHE.

AURÉLIE.

MARGUERITE.

ANNA.

ANGÉLA.

LOUISE.

MARIA.

ZÉLINA.

FANCHETTE.

Que signifie cette nomenclature géographique ?

JENNY.

Parlez sans mystère.

ZÉLINA.

Voici. Mesdemoiselles , vous connaissez l'histoire des diverses contrées de l'Europe. En parcourant ce vaste champ , ne vous êtes-vous pas souvent arrêtées devant les noms de certaines femmes illustres qui, joignant aux vertus de leur sexe le courage et le talent des héros, ont fait à la fois l'admiration de leur siècle , l'honneur et la gloire de leur patrie , le bonheur de leurs peuples. Pas une nation en Europe qui n'ait vu naître une de ces héroïnes. La France seule, combien n'en compte-t-elle pas ?... Pourquoi ne représenterions-nous pas ici les Reines, les Impératrices, les princesses les plus célèbres de l'Europe.

Chacune de nous, Mesdemoiselles, prendrait le sceptre, et règnerait pour un moment sur le peuple de son choix.

MARIE.

Quelle idée bizarre !

FANCHETTE.

J'aime assez ce qui est original!

ZÉLINA.

Adoptez-vous ma proposition, Mesdemoiselles ?

BLANCHE.

Certainement. Quoi de plus flatteur que le sceptre et la couronne !..

FANCHETTE.

Je m'appelle Fanchette : je ne veux pas changer mon nom.

SUZANNE.

Point de paroles frivoles. Arborons nos bannieres.

BLANCHE DE CASTILLE.

J'appartiens à la France : Blanche de Castille.

ANNE D'AUTRICHE.

J'ai la même patrie, le même drapeau !

HÉLÈNE.

La mère de Constantin !

MATHILDE.

L'Impératrice Mathilde !

ÉLISABETH.

L'Étoile de Hongrie, ma patronne, Ste-Élisabeth !

CHRISTINE.

Le Parnasse vaut mieux que le trône ! telle est ma devise.

MARGUERITE.

La Minerve du Nord !

MARIE-TUDOR.

Le Pavillon anglais. Marie Tudor !

MARIE STUART.

Je fus reine de France et d'Écosse ! Hélas !

ISABELLE.

Isabelle la Catholique !

MARIE-THÉRÈSE.

La fille des Césars : Marie-Thérèse.

FANCHETTE.

Et moi, mes amies, je veux être cosmopolite.

ÉLISE.

Que voulez-vous dire ?

FANCHETTE.

Que je ne choisis point de patrie ; je veux être de partout, n'avoir point de demeure fixe, et n'être étrangère nulle part.

JENNY.

Quelle originalité !... Chantons, mes amies, c'est le jour de la joie et de la gloire.

CHANT, MUSIQUE.

Les Elèves s'asseyent.

LA FRANCE.

J'ai le génie des Romains.

FANCHETTE.

Et la légèreté des Grecs.

LA FRANCE.

Les charmes et les grâces des Athéniens.

FANCHETTE.

Dites plutôt l'inconstance et la mobilité.

LA FRANCE.

Je fus invincible dans le malheur !

FANCHETTE.

Et bien volage dans la prospérité et le bonheur !

LA FRANCE.

J'aime les arts.

FANCHETTE.

Et les plaisirs.

LA FRANCE.

Je suis ardente dans les combats , prodigue de mes jours dans les batailles.

FANCHETTE.

Mais , comme vous caressez la vie durant la paix.

LA FRANCE.

De toutes les contrées , je suis la plus aimable.

FANCHETTE.

La plus vaine et la plus rieuse.

LA FRANCE.

Tels sont mes charmes que tous les étrangers viennent à moi. Mais parlez, illustres filles de l'Europe. La France cède le pas à ses nobles rivales, et se réserve l'honneur de parler après ses amies.

FANCHETTE.

Ha que c'est poli !

HÉLÈNE.

Douce Italie, au ciel d'azur, à la brise embaumée, Ville au sept collines, Cité éternelle, Centre de l'unité catholique, Salut !...

FANCHETTE.

L'Impératrice Hélène ! Je l'ai connue à Jérusalem.

JENNY.

Saluons l'Illustre fille de Mars, aujourd'hui l'immortelle Métropole de l'Univers catholique. Oh ! quelle gloire jaillit de sa triple couronne ! Quel éclat ! quelle lumière ! quel immense horizon ! Mais, entrons dans l'éternelle cité. Ciel ! quelle grandeur ! Ce ne sont plus les élégants édifices d'Athènes ; c'est un autre génie, une autre empreinte sur les édifices de Rome. Tout y est majestueux, imposant. Voyez ce peuple immobile de statues, placé au milieu du peuple le plus agité du monde, pour lui dire sans cesse le néant des grandeurs humaines. Et ces monuments de tous les âges, de tous les peuples, dernier effort de l'orgueil, comme du génie de l'homme ! Ces obélisques ravis à l'antique Égypte ; ces tombeaux élevés à la Grèce !... Et cette pléiade de noms célèbres, traversant les siècles, arrivant à nous avec les glorieux souvenirs qui les immortalisent....

FANCHETTE.

Ouf ! mes amies !...

HÉLÈNE.

Je ne vous parlerai pas de Constantin , ni de ce que lui devra
toujours le Christianisme ; je ne vous rappellerai qu'une circonstance
de ma vie, d'ailleurs toute consacrée au service de Dieu et aux bonnes
œuvres. Il est un lieu qui parle au cœur chrétien, qui rappelle à l'âme
fidèle l'immense sacrifice , l'amour et la mort d'un Dieu.... Jérusalem
théâtre des plus saintes merveilles !... Sur le déclin de l'âge , foulant
aux pieds la pourpre impériale , je vins errer dans tes rues désertes
J'aimais ta mélancolie, ton deuil , ta tristesse et tes souvenirs. Mon-
tagne auguste ! Tombeau sacré ! à vous ma douleur et mes larmes !..
Je vous baisai avec amour Crèche modeste , Berceau divin !... Mais
quels furent mes transports quand je vous découvris, Arbre de vie
Signe de salut et d'espérance ! Dans l'extase de mon bonheur, moi
aussi je m'écriai : Je mourrai en paix ; mes yeux ont vu le salut du
monde.

FANCHETTE.

Sommes-nous au sermon ou à la méditation ?

MATHILDE.

A moi. Oh ! que j'aime ma patrie !

CAMILLE.

Et quelle est votre patrie ?

MATHILDE.

Ma patrie est grande et belle.

FANCHETTE.
Vous le dites.
MATHILDE.

C'est celle où l'on entend louer et bénir Dieu.

CAMILLE.

Mais , c'est aussi la nôtre , celle-là.

FANCHETTE.

Même celle de Fanchette qui n'en a aucune.

MATHILDE.

Ma patrie est celle où brille la bonne foi ; où la douce amitié siège brûlante dans tous les cœurs. Ma patrie, c'est la noble Allemagne. Je me nomme Mathilde.

MARIE TUDOR.

Ce nom est aussi bien cher à l'Angleterre.

MATHILDE.

Mon aurore se leva à l'ombre d'un monastère. Environnée d'innocence et de vertu, je grandis au milieu de fleurs odorantes, parmi des anges, vivant sur la terre. Hélas ! je ne tardai pas à être troublée dans ma retraite. Le monde m'offrit une couronne. Mais, comme l'humble Esther, je ne devais ceindre le diadème que pour le mépriser.

MARIE.

Quel céleste langage! Mère d'Othon-le-Grand, parlez-nous de votre fils.

MATHILDE.

Parler de son fils.... c'est le bonheur d'une mère. Eh ! que n'aurais-je pas à dire de celui que le Ciel me donna ? Ses armes furent toujours victorieuses. Il a secouru l'innocent opprimé, protégé le Christianisme. Rome bénit plusieurs fois sa présence. Il triompha des Lombards et des Sarrasins, humilia les ennemis de l'Église. Sa piété et son dévoûment à la sainte cause lui méritèrent ce glorieux patronage envié de tant d'autres, le patronage de la capitale du monde catholique.

ADÉLAIDE.

Il est un autre nom bien cher aussi à l'Allemagne, celui de l'Impératrice Adélaïde, si bonne, si pieuse, si intelligente.

FANCHETTE. .

Quand les saints parlent, il faut écouter et se taire. Sans cela, j'aurais déjà pris la parole ; car ainsi que j'ai eu l'honneur de vous le dire, Mesdemoiselles , je suis de partout ; je connais toutes les histoires. Mais, silence.... Je vois briller l'Étoile de Hongrie.

ÉLISABETH.

Moi.... Que dirai-je , beau lis transplanté sur un sol étranger ?... Mais je veux revenir là où fut mon berceau. Adieu Thuringe , je te quitte. Salut, chère Hongrie. Je ne vous parlerai que d'un seul sentiment : la soumission à la volonté de Dieu qui m'appela en Thuringe. Mon enfance connut de beaux jours. Dans une cour étrangère , alors qu'on riait de ma piété, je trouvai un cœur pur qui m'aima. Faible roseau , je m'appuyai sur l'arbre protecteur qui m'offrait un abri.

ÉMILIE.

Le Prince Louis prit la croix , et mourut en héros chrétien , alors qu'il se rendait en Palestine.

ÉLISABETH.

Jeune encore , le crêpe de la douleur vint assombrir mon front. La tristesse et le deuil environnèrent ma vie. Mon cœur fut abreuvé d'amertume. Mère infortunée , il me fallut errer avec mes enfants , réclamer en vain un asile à ces chaumières que j'avais visitées et comblées de bienfaits aux jours de ma grandeur. Mais Dieu qui voit avec amour l'humble persécuté , vint au secours de sa servante ; il me fit goûter des consolations merveilleuses sous la bure que j'avais revêtue ; et répandit un charme divin sur mes souffrances.

Mon dernier soupir réjouit les Anges ; sur leurs ailes , ils recueillirent mon âme et la portèrent dans les cieux.

ZÉLIA.

C'est bien touchant , mais triste....... .

FANCHETTE.

Mesdemoiselles, ce n'est pas moi qui ai divisé la société en deux
classes de dialogueurs ; les uns graves et sérieux, et les autres qui ne
le sont guère.

NÉLY.

Et que voulez-vous dire ?

FANCHETTE.

Qu'il faut faire la part à chacun ; ne pas tout accorder aux uns, et
rien aux autres.

NÉLY.

C'est juste.

FANCHETTE.

D'ailleurs, les personnes les plus austères ont des moments de bonne
humeur ; on peut rire parfois devant elles sans les fâcher.

NÉLY.

Personne ne dira le contraire.

FANCHETTE.

Je vais, moi, vous raconter quelque chose que je n'ai pas vu, qui
n'a aucun rapport avec ce que vous avez dit, ni peut-être même avec
ce qui vou restes à dire. Voici : il s'agit d'un âne et de son maître.
(Pardon.)

LE PAYSAN ET L'ANE.

Un paysan portait du blé à la ville du Caire... Ville d'Espagne ou
d'Égypte ; c'est indifférent. Il n'avait d'autre compagnon de voyage
que l'âne son seul ami, qui marchait devant lui à pas graves et lents.
Arrivé près de la ville ; il est abordé par un homme qui, après l'ac-
cueil le plus cordial, lui dit : Brave homme, je vous ai attendu longtemps ; il faut que vous me cédiez votre blé ; et ce disant, il lui met
un sequin dans la main. Le paysan se disposait à regarder la pièce
d'or, quand, la terre s'enfonçant sous ses pas, il tomba avec son âne

dans une vaste caverne. Où suis-je ? s'écrie-t-il ; et il se voit entre deux monceaux d'or monnayé gardés par deux gros chiens, à l'œil étincelant, qui, de leurs dents allongées, semblaient menacer de le mettre en pièces.

Malheureux et tremblant, l'homme tirait son âne par derrière, marchant, furetant partout pour trouver une issue qui le menât hors de cet abîme. Tout-à-coup, l'étranger qui lui avait donné le sequin se présente. — Par Mahomet, dit le paysan, mon ami, aidez-moi à sortir de cet horrible lieu. — Soyez tranquille, brave homme ; vous êtes dans les trésors du Sultan ; il a entendu parler de vous, et il vous permet d'emplir vos sacs. — Bah ! impossible ! — Comptez sur moi, vous dis-je. — Grâcieux Sultan ! qui peut lui avoir parlé de moi ? — Et mon homme d'emplir ses sacs, au point que son âne, passablement vieux, en était affaissé. Ayant enfin terminé, le paysan lui dit : Seigneur trésorier, présentez mes hommages respectueux au Sultan, et ayez la bonté de m'indiquer la sortie de cette caverne. — Fermez les yeux, digne homme, reprend le trésorier. Le paysan obéit ; et les rouvrant aussitôt, il se trouva sur la route du Caire tenant la bride de son âne. — Et mon blé.... Et le sequin !... Diable, dit-il, en se frappant le front et s'arrachant le poil de sa barbe, imbécile que je suis ! Je rêve à des trésors imaginaires, et je me laisse voler mon bien ! Il comprit que pendant le doux sommeil qui l'avait transporté dans les trésors du Sultan, un voleur lui avait dérobé son blé. Un moment, il voulut courir après ; mais se ravisant aussitôt, il se tourna vers l'âne, son compagnon d'infortune, et lui dit tristement : Viens l'ami ; une autre fois quand nous viendrons au marché, nous dormirons la veille. Mais voyons ce que va dire ce personnage au si grave, au si digne maintien....

MARGUERITE DE FLANDRE.

Je suis fière de mon nom ; j'appartiens à l'illustre maison de Flandre. — Qu'il me soit permis, Mesdemoiselles, de vous rappeler ces expéditions guerrières et religieuses, une des plus belles gloires du Christianisme, les Croisades !...

BLANCHE.

L'initiative appartient à la France.

LA FRANCE.

Quelle grande et solennelle entreprise ! Un mouvement religieux agite et ébranle le monde. C'est l'époque héroïque de notre histoire. La Chrétienté se lève et se précipite sur l'Asie. Sous l'auguste étendard du Christ et la conduite d'un seul chef, une puissante armée marche courageusement vers les lieux sacrés ; elle va conquérir un Tombeau, et chasser de la ville sainte les illégitimes enfants qui en profanent la sainteté. Mais ne pensez pas, mes amies, que la conquête de ce glorieux tombeau, si cher au cœur des enfants de Jésus-Christ, fût l'unique but de l'entreprise. Il s'agissait aussi de savoir qui devait l'emporter sur la terre, ou d'un culte ennemi de toute civilisation, favorable à l'esclavage, au despotisme et à l'ignorance ; ou de cette Religion divine qui venait faire revivre le génie de la savante Antiquité, former un peuple de frères, une société d'amis ; faire régner la justice par la douce charité. Ah ! que serions-nous devenus si le zèle et la foi de nos pères ne nous eussent préservés ou délivrés du joug des infidèles ? Interrogeons la savante Athènes ; elle nous dira ce que devient un peuple, si éclairé qu'il soit, sous la cruelle tyrannie des Musulmans. Honneur aux cendres de ces rois chrétiens, de ces rois chevaliers qui reposent à l'ombre du Tombeau de Jésus-Christ ! Ces cendres appartiennent à la France, toujours féconde en sublimes dévoûments.

FANCHETTE.

Quelle tirade ! c'est à perdre haleine.

MARGUERITE.

Pour la cinquième fois le cri *Dieu le veut* avait retenti dans le monde chrétien. La bannière du Christ guide encore nos preux chevaliers. Baudoin IX marche à leur tête. L'armée s'arrête devant Constantinople, si souvent traître à la sainte cause, et la fait repentir de sa félonie. Nos soldats entrent triomphants dans la riche cité. L'Étendard des Croisés flotte sur les remparts, Baudoin est proclamé Empereur.

ÉLISE.

Quel triomphe !

MARGUERITE.

Hélas ! nos joies et nos gloires sont de courte durée.

MARIE.

C'est vrai, malheureusement.

FANCHETTE.

Bah ! Je suis toujours Fanchette.

MARGUERITE.

Succombant à la douleur de l'absence, je quittais ma patrie pour aller rejoindre le Comte de Flandre en Palestine. Mais déjà le nuage de la mort planait sur ma tête. Je les vis s'éloigner pour toujours ces rivages aimés de la vie ! Ma dépouille glacée arriva seule à Constantinople ; Baudouin l'arrosa de ses larmes. Il pleura la mort d'une Princesse qu'il aimait, et qui aurait été, par ses vertus et ses grâces, l'ornement et le modèle de la cour de Byzance.

FANCHETTE.

Mesdemoiselles, je ne veux point pleurer, ni m'envelopper dans un farouche silence.

MARIA.

Visitons les contrées du Nord. On voyage si vite aujourd'hui ; par l'effet de la vapeur, il n'y a plus de distances.

LA MINERVE.

Le Danemark fut mon berceau. Mon père Waldemar, en développant la fierté de mon âme et les ressources de mon esprit, disait que la nature s'était trompée ; et qu'au lieu d'une femme ordinaire, elle avait un héros. Cette parole se vérifia. Bientôt on célébra avec pompe mon union avec le Roi de Norwège. Ces deux contrées ayant perdu leurs souverains, mon fils hérita de la couronne de ses pères. La tutelle et l'administration de ses États me furent confiées ; et je m'acquittai de ma mission avec tant d'habileté, de prudence et de sagesse que je fus surnommée la MINERVE DU NORD.

MARIA.

Quelle glorieuse épithète !

FANCHETTE.

Je ne suis pas, moi, comme une sotte grue, je ne tombe pas si facilement du haut mal de l'admiration.

LA MINERVE.

Le Ciel ravit mon fils à ma tendresse. Je fus reconnue souveraine de ses États. Je continnai de les gouverner avec l'applaudissement des peuples. Le Roi de Suède, fier de sa puissance, voyant en moi une redoutable rivale, me déclara la guerre. Elle tourna à sa honte. Je le vainquis et le fis prisonnier. Enfin la couronne de Norwège fut réunie à celle du Danemark. Je régnai avec gloire. Magnifique dans mes plaisirs, je fus toujours grande et superbe dans ma cour. Par la vivacité et l'étendue de mon esprit, j'égalai les plus fameux politiques.

JENNY.

Quelle assurance, mes amies !.... Mais ce n'est pas en présence d'une si digne Assemblée que je me permettrai la censure et la critique. Sans doute, cette Minerve tâcha de réparer les torts de sa conduite par de bonnes œuvres ; mais dans la morale évangélique rien ne supplée à l'innocence du cœur et à la droiture de l'esprit.

FANCHETTE.

Eh ! vous voilà moraliste ! On dirait Labruyère, Pascal ou Bourdaloue.

CHRISTINE DE SUÈDE, *se lève.*

Je suis une trop grande Célébrité pour me taire.

MARIE.

Votre silence nous étonnerait d'autant plus qu'ayant beaûcoup voyagé, vous devez avoir beaucôup à dire

FANCHETTE.

On doit en savoir long quand on a voyagé, disait un jour la Pie à l'Hirondelle.

CHRISTINE.

Fille de Gustave-Adolphe, la pénétration de mon esprit éclata dès mon enfance. Je succédai à mon père sur le trône de Suède ; et bientôt je fis l'admiration des savants appelés à ma cour. Je gouvernai mes états avec sagesse ; j'affermis la paix dans mon royaume. Mais l'amour des lettres et de la liberté m'inspira le dessein d'abandonner un peuple qui ne savait que combattre. J'abdiquai la couronne.

ÉLISE.

Quelle étonnante détermination !

CHRISTINE.

Je quitte la Suède, je traverse le Danemark et l'Allemagne, j'arrive à Bruxelles ; j'abjure l'hérésie, j'embrasse la foi....

FANCHETTE (*à part.*)

Je crois que c'est ce qu'elle a fait de mieux.

CHRISTINE.

O triomphe ! je suis catholique !... Je parus à la Cour de France si polie, si élégante, si littéraire. Elle me charma. J'y reçus des honneurs extraordinaires.... Il fallut pourtant m'éloigner, car l'Angleterre m'attendait. Je m'embarque ; les flots s'inclinent, et j'aborde heureusement les côtes de la Grande-Bretagne. Bientôt je pars pour Rome ; j'y fixe mon séjour, et me livre à la culture des arts et des sciences, tout en continuant mes relations avec les savants de l'Europe. Mon esprit était extrêmement orné. Huit langues que j'ai parlées avec la même facilité que la mienne propre prouvent l'étonnante capacité de mon intelligence et de ma mémoire....

CAMILLE.

' Impossible de vous suivre dans une course si brillante et si rapide.

ZÉLINA.

Cette Princesse termina sa glorieuse carrière dans la capitale du monde catholique. Elle est digne d'éloges ; mais la postérité, juste ou sévère, lui a reproché sa vie errante, son esprit de vengeance, et une certaine bizarrerie de caractère qui nuisait aux charmes de son esprit et aux qualités de son âme.

FANCHETTE (à part.)

†La voilà servie....

MARIE-TUDOR se lève.

Dirigeons notre nacelle vers la route des cygnes. Frêle esquif, enfle les voiles.... J'ai le trident de Neptune ; c'est le sceptre du monde.

FANCHETTE.

Eh ! eh ! mes amies ; Albion se donne des airs !

MARIE-T.

Patric de St-Edmond, de St-Édouard, de Thomas le martyr, qu'est devenu le beau fleuron de ta couronne ? L'erreur t'enveloppe. Ah ! quelle triste image tu offres à mes regards ! Je frémis à l'aspect du monstre que l'enfer exhale de ses entrailles pour te dévorer. Ile aux vertes collines, quel souffle empoisonné te dessèche !... En vain j'ai travaillé à ramener en ton sein la paix et l'union ; tu n'as pas voulu reconnaître la houlette si douce du premier Pasteur de l'Église.

MARIE.

C'est la protectrice de la Religion en Angleterre, Marie Tudor.

SUZANNE.

Le nom de Marie Tudor me rappelle celui d'une jeune fille, Jeanne Grey. Elle avait à peine seize ans; et déjà c'était une personne accomplie. Douée d'une beauté remarquable, cet avantage qu'on dit frivole, était relevé en elle par une douceur et une modestie ravissantes. Elle avait aussi des connaissances très étendues et très variées. De l'esprit, n'en parlons pas. Elle en avait pour nous toutes.

FANCHETTE.

Merci.

SUZANNE.

Mais en punition des dons qu'elle avait reçus de la nature, et peut-être aussi parce qu'on avait voulu la faire reine, la malheureuse fut décapitée.... J'aime bien mieux être oubliée de tous les trônes du monde.... Mais pardon de vous avoir interrompue.

MARIE TUDOR.

Un instant l'Angleterre parut docile. L'Espérance jaillit dans mon cœur. Hélas ! il s'évanouit bientôt l'espoir de voir refleurir le Catholicisme dans tes chères contrées ! J'ai voulu te rendre heureuse, accomplir la mission que le Ciel m'avait confiée.... Vains projets ! l'Angleterre est demeurée dans les serres cruelles de l'erreur. La tristesse abrégea mes jours, les hommes ne comprirent pas mes souffrances, n'en connurent point la cause. Je la leur révélai à mon dernier soupir dans ces courtes paroles : *Qu'on ouvre mon cœur, on y lira Calais ! Elisabeth.*

JENNY.

Calais, place importante coûtait cher aux Anglais ; elle avait opposé onze mois de résistance aux armées d'Édouard. Cette conquête était chère à l'Angleterre : elle lui ouvrait depuis deux siècles les portes et les trésors de la France.

E. FANCHETTE.

Il me semble voir encore le malheureux Eustache de St-Pierre.

JENNY.

Mais en dix jours , la valeur de François de Guise , alors Lieut' Général du royaume , l'enleva à la possession britannique.

MARIE STUART *se lève.*

Marie Stuart ! Nous voici en Écosse.

BLANCHE.

C'est un plaisir de voyager ainsi ; c'est plus rapide que le télégraphe électrique.

MARIE STUART.

Je vis le jour dans cette Écosse où je devais tant souffrir. Je ne connus point le sourire de ma mère., Des hommes d'armes environnèrent mon berceau ; un crêpe funèbre le couvrit de deuil et de tristes présages. Je ne devais pas grandir dans l'Écosse ; c'était sous le beau ciel de France que devait s'épanouir mon calice. Je traverse les flots ; j'aborde tes rivages. Salut, douce contrée ! je t'apporte mon cœur , ma jeunesse et mes charmes !... Et la France vit avec amour cette plante gràcieuse que son soleil allait rendre si belle ; cette royale enfant, à la blonde chevelure , aux doux regard , à l'âme de feu qui venait régner sur Elle. Que mon enfance fut heureuse ! Mais , hélas , la guirlande de beaux jours n'orna qu'un instant ma tête ! Les premières années de ma vie si fraîches et si pures se flétrirent bientôt au souffle mortel de l'infortune. Un nuage , gros de passions , assombrit l'atmosphère ; la jalousie.

CAMILLE.

Oh ! l'épouvantable passion !

FANCHETTE.

La jalousie ! C'est la plus méchante fille du Diable....

MARIE STUART.

Je n'étais plus reine en France. Il fallut la quitter. Adieu , charmant pays de France ! Adieu ! Qu'il t'en souvienne ; tu fus ma seconde, ma plus douce patrie. Je te donnai mon cœur.... Je pars.... Je te laisse.... Adieu !... Et l'Écosse m'accueillit au milieu de ses troubles comme un ange d'espérance. Mais l'hérésie avait fait d'affreux ravages ; elle me persécuta. Je ne vous parlerai pas des amertumes dont je fus abreuvée dans mon abandon et ma détresse ; je veux vous épargner ce déchirant tableau :

MARIE.

Ah ! pourquoi n'écoutâtes-vous pas les conseils de vos sages ministres ? Mais votre âme franche et candide ne pouvait croire à l'astuce et à l'hypocrisie.

MARIE STUART.

Celle qui m'appelait sa bonne sœur , m'offrit un asile. Mais au lieu de la paix et du bonheur qu'elle m'avait promis , elle me fit languir dans les horreurs d'une affreuse prison. L'Ange de la mort agitait ses ailes sur ma tête. Je monte sur l'échafaud , environnée d'une de ces gloires que les hommes ne peuvent empêcher de descendre sur les victimes innocentes ; et je reçois le coup fatal comme une de ces douces colombes que l'on offrait jadis au Dieu de Rachel , de Noëmi et d'Esther.

ZÉLINA.

Ainsi finit la noble fille des Stuart. Elle subit la mort avec cette héroïque fermeté qu'inspire l'innocence, et dont les plus grands hommes ne sont pas toujours capables. Son attachement à la Foi catholique , ses droits sur l'Angleterre , sa beauté furent ses crimes. Et cette auguste tête qui avait porté deux couronnes tomba impitoyablement sur un échafaud. La douceur de son caractère , les grâces de son esprit , les charmes de sa personne , la protection qu'elle accorda aux lettres , mais surtout son inviolable fidélité à la foi de ses pères la rendront toujours chère aux âmes sensibles ; et l'Écosse et la France lui donneront à jamais des regrets et des larmes.

ISABELLE.

Je prendrai la parole au nom de la catholique Espagne.

SUZANNE.

Je vous connais très particulièrement ; rien ne m'attire à vous.

ISABELLE.

L'Espagne.... Je fus toujours fidèle ; j'ai conservé la foi.

FANCHETTE.

Est-elle fanatique !...

MARIE.

Votre piété n'est pas toujours selon la science.

ISABELLE.

Je suis courageuse.

FANCHETTE.

Vindicative !

FANCHETTE.

Fière !

FANCHETTE.

Paresseuse !

JENNY.

Si j'osais , j'ajouterais bien une autre épithète....

ISABELLE.

Grâce ! c'est assez.

FANCHETTE.

J'avais pourtant quelque chose dans mon bissac.

BLANCHE.

Vraiment, Fanchette ; vos richesses sont inépuisables.

ISABELLE (à *Fanchette.*)

Mais pensez-vous que tout le monde s'accommode de vos points et de vos malices ?...

FANCHETTE.

Mesdemoiselles , je passe partout ; je n'épouse aucune querelle ; je dis la vérité à tout le monde et je ne fâche personne. Mais parlez , Illustration espagnole.

ISABELLE.

A mon époque , bouillante de valeur et de courage , l'Espagne s'élançait comme un lion rugissant vers ces provinces qu'elle voulait conquérir. Mon génie devina le génie des grands hommes qui m'entouraient. Avec Christophe-Colomb , je compris qu'au sein de l'Océan , il existait un autre monde qu'il fallait civiliser et gagner à J.-C. La première île où abordent nos vaisseaux est nommée St-Sauveur. Et un monde nouveau me proclame sa Reine.

FANCHETTE.

Colomb m'a raconté tout ça.

ÉLISE.

Voilà bien des titres au respect et à la reconnaissance.

ISABELLE.

Ce n'était pas assez. Il fallait un nouvel essor à l'humeur chevaleresque des Espagnols. Expulser les Maures de la Péninsule fut leur projet. Grenade souriait à Gonzalve de Cordoue. Grand Capitaine , contemple cette brillante conquête , cette ville si fière de ses créneaux et de ses remparts ; l'Alambra , merveille des merveilles , détruis la tribu vaillante des Abencerrago. Et toi, grâcieuse Santa Fé , élève-toi en présence de ta rivale dans ce camp à jamais célèbre.... Cependant le combat s'engage. Le sang coule de toutes parts. Après des prodiges de valeur , le Sultan vient déposer à mes pieds les clés et la couronne. Les Maures quittent la ville aux palais enchantés ; le roi déchu va cacher sa honte dans les montagnes, Grenade redevient catholique.

FANCHETTE:

Parfait.... Mais voyons un peu le revers de la médaille. J'ai passé par l'Andalousie et la Castille, et j'ai entendu parler souvent de cette Célébrité. Il n'y a rien à dire sur ce que nous venons d'entendre ; il faut seulement ajouter qu'il y eut dans le caractère de cette Princesse un peu de fierté, de bizarrerie et même de jalousie. Mais peut-être que ces défauts étaient chez elle des qualités amenées par les circons-tances.... Je ne m'entends pas en politique.

ZÉLINA.

Toujours est-il que ses défauts furent aussi utiles à sa patrie que ses vertus mêmes.

FANCHETTE.

Avant de quitter l'Espagne, voulez-vous, Mesdemoiselles, que je vous raconte une anecdote espagnole ?... Voici :

RÊVE DES VOLEURS.

Charles-Quint.... & ....

ADÉLAIDE.

Oh ! que j'aime ces histoires !

MARIA.

Continuez, mes amies, à sillonner ainsi l'Europe. Allez en Autri-che, et donnez un souvenir à la triste et malheureuse Pologne.

MARIE LECZINSKA.

Hélas ! j'ai été crucifiée aux nations, et les nations m'ont délaissée et abandonnée. Je suis sans voix pour dire mes malheurs.

FANCHETTE.

Les gros poissons dévorent toujours les petits.

MARIE LECZINSKA.

Je ne vous parlerai point de ma noble et héroïque patrie. Qui ne connaît ses vertus et ses revers ? Instruite de bonne heure par un père sage et vertueux , je montrai dès mon enfance ce que je devais être un jour. Un voile de candeur et d'innocence m'environna. Les charmes de la piété embellirent ma jeunesse. Je buvais à la coupe de l'exil ,. depuis six ans , loin de ma nation désolée ; je mangeais le pain de l'infortune , quand je fus appelée au trône de France. Ennemie des intrigues de la cour , je sus y trouver la paix , y faire mes jours calmes et tranquilles par la pratique des vertus chrétiennes.

BLANCHE.

Heureux les enfants qui naissent de parents vertueux ! car la vue d'une mère est un grand jour qui éclaire ces jeunes esprits ; et le visage d'un père est un soleil qui les couvre de ses rayons, et les conduit dans la voie du salut.

FANCHETTE.

Oh ! oh ! mes amies ; c'est la *Bouche d'Or* ; il faut baisser la tête.

MARIE-THÉRÈSE se lève.

L'Autriche !...

FANCHETTE.

Salut !...

MARIE-THÉRÈSE.

Connaissez-vous rien de plus enchanteur que les bords riches et variés du Danube ? Ses flots purs et limpides , ses gracieux contours , ses vertes îles, ses aimables caprices ?... Et ses paysages, vraiment romantiques, ou l'âme solitaire, loin du bruit et du commerce des hommes, goûte un charme céleste !... Et cette plaine ravissante si agréablement accidentée de forêts et de riants côteaux, de vignes fertiles , de populeuses cités , de vieux châteaux et de ruines ? Et au milieu de cette vaste plage, Vienne , surmontée de sa tour magnifique , entourée de collines pittoresques , traversée par les branches mobiles du fleuve ; comme une reine couronnée d'honneur, Vienne est majestueusement assise. Autour d'elle, réunie sous l'ombrage d'arbres élevés et touffus , se groupe une nation citadine , foulant les frais gazons dont le Danube entretient la tendre et délicate verdure.

FANCHETTE.

C'est doux et frais comme la rosée du matin.... c'était comme cela , à peu près quand j'y passai.

MARIE-THÉRÈSE.

Je crois avoir des titres au respect et à la gloire. Ma première heure fut triste ; je grandis dans le malheur, je connus l'infortune. Vous dirai-je mes amertumes et mes angoisses jusqu'à ce jour où , dans ma grande détresse , je vins me jeter dans les bras des Hongrois si fiers , si belliqueux et leur adressai ces paroles: « Abandonnée de mes amis, « persécutée par mes ennemis , attaquée même par mes parents les « plus proches , je n'ai de ressources que dans votre fidélité et votre « constance. Hongrois , je remets entre vos mains la fille et le fils de « vos rois ! C'est de vous qu'ils attendent leur salut.

MARIE.

Le malheur est une grande et belle nuance dans le tableau de la vie !

MARIE-THÉRÈSE.

Enfin celui qui élève ou renverse les trônes ; l'Arbitre des combats me fit triompher de mes ennemis; et bientôt l'Europe retentit de mon nom , s'étonna de ma gloire. Souveraine de mes états, je fus la mère de mon peuple. Ouvert à tous les malheureux , mon cœur se multipliait en ressources pour les soulager.

MARIA.

·O Charité, fille du Ciel, providence du pauvre ! heureux le cœur qui te possède !

MARIE-THÉRÈSE.

Voulant faire fleurir les sciences et les arts , j'érige des Universités et des colléges. A ma voix les ports de Trieste et de Fiurme s'ouvrent aux nations ; Livourne étend son commerce ; Ostende reçoit les navires qui lui apportent les productions de la Hongrie; Vienne est agrandie et embellie.

FANCHETTE.

Tant de gloire m'éblouit; c'est comme le soleil.

MARIA.

Quelle grandeur ! que de mérite ! Les dons les plus précieux se rouvent réunis dans cette Princesse. Quelle vaste et profonde intelligence ! quelle élévation de sentiments ; et aussi quelle piété, quelle vertu ! La vertu !... Ne l'oublions jamais ; c'est le plus précieux de tous les biens.

MUSIQUE, CHANT.

LA FRANCE.

Rives enchantées de la Seine, inspirez-moi ! aidez mes chants ; qu'ils aient la force et la clarté de votre cours ; mais qu'ils soient purs et doux comme vos ondes !

FANCHETTE.

Quel début solennel ! Encore un ton plus haut....

LA FRANCE.

O toi qui ne ceins point ta tête du laurier périssable ! toi qui habites les phalanges saintes, Immortelle patronne, Divine Bergère, protège-moi !...

FANCHETTE.

Je la connais depuis longtemps : Ste-Geneviève.

LA FRANCE.

La France ! Placée au centre du monde, elle offre une patrie à tous les peuples. Son ciel est si pur , son air si doux , son climat si fertile ; ses fleurs si gracieuses ! ses campagnes si riantes , ses brises si parfu-, mées !...

FANCHETTE.

Voici les parfums et les brises....

LA FRANCE!

La France ! c'est un miroir à mille facettes dout chacun réfléchit un point de l'humanité. Sa langue est presque pour tous une lange maternelle. Quelle n'est pas son élévation , sa prépondérance sur ses rivales ? Elle a hérité de Rome ancienne et de Rome catholique. Transférée des bords du Tibre aux rives de la Seine , l'initiative humaine appartient désormais à l'antique berceau du génie français.

FANCHETTE.

La France ne se donne pas des coups de pied ; elle est trop polie....

LA FRANCE.

La France ! Quelle nation fit jamais une apparition plus éclatante dans l'histoire ? Le moyen-âge et l'âge antique sont pleins de ses souvenirs. Quel est le premier nom qui apparaît sur le frontispice étincelant de la société romaine ? Le nom d'un conquérant français: Brennus ! La Gaule ! voyez-la victorieuse et triomphante assise sur les cendres de Rome , baignant ses pieds dans les eaux du Tibre ; tandis que , couronnée des lauriers de l'Allia , elle repose sa tête sur les marches tremblantes du Capitole.

FANCHETTE.

J'écoute ; continuez.

LA FRANCE.

Et quand César voudra s'immortaliser, se précipiter dans la gloire, où ira-t-il ? En Espagne ? Non ; il la laisse à son vaniteux rival : En Asie ? Non ; il l'abandonne à Lucullus. Mais la Gaule ! La Gaule est pour lui. C'est qu'il savait bien qu'il trouverait là un ennemi digne de lui ; et qu'il y aurait plus de gloire à soumettre les Gaules qu'à triompher du reste du monde. Sa main victorieuse écrira les héroïques efforts du peuple conquis. Jules-César sera le premier historien de la France. Un tel éloge est unique dans les fastes militaires. Jamais vaincu ne reçut du Vainqueur un plus éclatant témoignage de respect et d'estime. Quelle n'eût pas été l'admiration du conquérant, si son génie lui eût prédit alors que Lutèce serait un jour Paris.

ÉLISE.

Gloire à la France !

BLANCHE DE CASTILLE.

Mon nom est dans le cœur de toutes les mères ; on le chante près du berceau ; on l'aime, on lui sourit. Je parais ; et la France salue avec amour cette fleur de Castille qui vient embellir et sanctifier son trône.

ANNE D'AUTRICHE.

Honneur à vous Mère vertueuse ! La France vous doit la sainteté de sa couronne.

BLANCHE DE CASTILLE.

Fille, Sœur, Épouse, Mère de Roi, Salut ! Vous avez dignement soutenu ces honorables titres ; vous avez donné à la France l'homme de son siècle, Louis-le-Grand, d'immortelle mémoire !

ANNE D'AUTRICHE.

Ma gloire s'efface devant la vôtre, incomparable Reine ; car en donnant un grand roi à la France, vous avez donné un grand saint à l'Église.

BLANCHE DE CASTILLE.

Je vis le jour dans cette belle Castille qui a produit tant de grands hommes. Je grandis rapidement en vertus, en esprit et en beauté. Avec les qualités et les grâces de la femme, j'eus les talents de l'homme d'état. Rien n'égalait la douceur et la majesté de ma parole, de mon regard, de mon maintien. J'étais si affable que' les petits ne craignaient pas de m'implorer ; si imposante que les plus puissants n'osaient rien me refuser. J'étais née pour le trône.

LA FRANCE.

Et pour le premier trône du monde, le trône de la France !

ANNE D'AUTRICHE.

Comme vous, je suis fille de la Catholique Espagne. Je ne parlerai pas de ces avantages extérieurs et frivoles dont la nature se plut à me favoriser et à m'embellir. Les charmes de mon esprit et de ma beauté me gagnaient tous les cœurs. Après le ministère de l'inexorable Richelieu, sous ma régence aussi intelligente que bonne, je fis luire des jours calmes et sereins sur la France. Mon administration fut douce et sage.

LA FRANCE.

Aussi la France s'écriait : La Reine est si bonne !

BLANCHE DE CASTILLE.

Les régences furent toujours funestes et orageuses. J'eus aussi beaucoup à souffrir ; mais je fus ferme dans les périls, féconde en ressources et pleine d'habileté pour dénouer les intrigues qui m'environnaient. Je conservai peut-être trop de hauteur envers les grands ; mais c'était punir et comprimer leur orgueil trop souvent inhumain à l'égard des faibles. Je le sais, on m'imputa beaucoup de torts ; mes actions furent jugées plus que sévèrement. Cela ne doit point étonner.

J'étais si supérieure en tout que l'envie et la calomnie ne durent point m'épargner. Mais par mon intelligente sagesse , je sus triompher à la fois et de mes ennemis personnels et de mes ennemis de l'état.

FANCHETTE.

Même de Thibault....

ANNE D'AUTRICHE.

La religion éclaira mes démarches ; jamais je ne m'écartai des devoirs qu'elle impose. En elle je trouvai les consolations du cœur, les forces de l'âme, car le trône connaît aussi les douleurs et les amertumes. Mais les épreuves n'abattirent jamais mon courage. Je me fortifiais dans la prière ; je me reposais à l'ombre des autels. Parfois , lasse de la cour , j'allais dans la solitude du cloître goûter la paix du sanctuaire. J'aimais les saintes religieuses....

FANCHETTE.

Fanchette aussi les aime. Les saintes filles !...

ANNE D'AUTRICHE.

Je les entourais de respect, de vénération et d'amour. Plusieurs fois, on me vit assise au même banquet , partager avec elles le pain de la promesse. J'étais l'âme des bonnes œuvres. De mon royal manteau , j'aurais voulu sécher toutes les larmes, consoler toute douleur , soulager toute infortune.

BLANCHE.

Les sollicitudes de la régence et les affaires de l'état ne me firent jamais oublier mes devoirs d'épouse et de mère. Aussi je demeurerai dans l'histoire comme le type de la chrétienne , de l'Epouse , et surtout de la mère. Avec quelle pieuse sollicitude ; je veillais sur l'innocence des anges confiés à ma tendresse ! Leur inspirer l'horreur du mal , l'amour du bien, former leur cœur à la piété et à la vertu; telles furent mes leçons.

LA FRANCE.

Accompagnées de tant de vertueux exemples, elles ne pouvaient qu'être efficaces. Aussi, les mères chrétiennes trouvèrent autant de bonheur que de gloire à chanter la vertu près du berceau ; à le couvrir d'amour et de vigilance. Elles répéteront, fières et tremblantes pour leurs trésors ; oui, elles rediront sans cesse à ces Êtres qui leur sont si chers : Enfant, vous savez combien je vous aime ; cependant j'aimerais mieux vous voir mort que coupable !

Mesdemoiselles,, mon rôle est fini ; mais je ne perds pas ma couronne.

LA FRANCE. (à Blanche de Castille.)

La France, Auguste Reine, vous environnera toujours d'honneur et de vénération. Elle n'oubliera jamais que c'est à la vertueuse Blanche de Castille qu'elle doit son époque héroïque de foi, de piété et de dévoûment ; que c'est Elle qui donna le Héros de la Palestine, l'homme modèle du moyen-âge ; et ce Monarque enfin que les Souverains eux-mêmes prenaient pour arbitre, et dans lequel nous ne savons qu'admirer davantage, du chevalier, du patriarche, de l'homme, du chrétien.

CAMILLE.

Quelle gloire pour une mère !

LA FRANCE. (se tournant vers Anne d'Autriche.)

Et vous illustre et intelligente mère de Louis-le-Grand, vous dont l'Aigle de Meaux a si hautement loué la vertu et le mérite, recevez nos hommages. Par vous a brillé sur la France l'âge d'or, le siecle immortel. C'est de vous qu'elle reçut le Très-puissant Monarque qui fut grand en sa vie et plus grand encore en sa mort.

FANCHETTE.

Mes amies, déposez vos sceptres et vos couronnes.

Toutes les Élèves se lèvent.

LA FRANCE.

Lève ton noble front, ô France, ma patrie ! Ta gloire est impérissable , tes lauriers toujours verts , tes palmes immortelles ! Couronnée de splendeur , ton nom traversera les âges ; étonnera et le monde et l'histoire. Élevée au faîte de la puissance , l'éclat de tes rayons éclipse toutes les ,gloires. Mais grandis , grandis encore. Fille aînée de l'Église , prends toi-même ta lyre, célèbre ton triomphe. Presse ton luth et chante la Religion qui t'a rendue si belle ! Protège-la toujours , ó Dieu puissant et bon ! Couronne-la de tes bénédictions , environne-la de ta force ; prête-lui ton bouclier. Génie Divin , Phare sacré, guide ses pas , et conduis-la toujours par ses vertus et au bonheur et à la victoire.

À Monsieur le Vicaire-Général,

Timides , comme on l'est à notre âge , oserons-nous élever nos voix devant vous et cette imposante Assemblée ? Essaierai-je , avec ma faiblesse , d'exprimer les sentiments qui, pour vous, s'agitent dans nos cœurs , au moment solennel de nos triomphes ?...

Secondant nos désirs les plus empressés , ceux de nos dignes Maîtresses et le vœu de notre intelligent et vénéré Pasteur, vous paraissez aujourd'hui au milieu de nous, Monsieur le Vicaire-Général , avec cette douce bonté , cette délicate indulgence qui accompagnent toujours la vertu et le mérite. Votre regard , tombant sur nos couronnes, en rehausse et l'éclat et le prix ; et les lauriers , déjà si beaux , s'embellissent encore. Votre présence , dans cet asile modeste où notre âme grandit à la piété , à la science et à la vie , est un rayonnement de gloire dont chacune s'honore ; un présage de bonheur qui flatte toutes les espérances.

Monsieur le Vicaire-Général, notre reconnaissance vous est acquise. Que nos palmes déposées à vos pieds en soient l'expression et l'hommage.

Marmande, imp. AVIT-DUBERORT.